BEI GRIN MACHT SICH IHR WISSEN BEZAHLT

- Wir veröffentlichen Ihre Hausarbeit, Bachelor- und Masterarbeit

- Ihr eigenes eBook und Buch - weltweit in allen wichtigen Shops

- Verdienen Sie an jedem Verkauf

Jetzt bei www.GRIN.com hochladen und kostenlos publizieren

Bibliografische Information der Deutschen Nationalbibliothek:

Die Deutsche Bibliothek verzeichnet diese Publikation in der Deutschen Nationalbibliografie; detaillierte bibliografische Daten sind im Internet über http://dnb.d-nb.de/ abrufbar.

Dieses Werk sowie alle darin enthaltenen einzelnen Beiträge und Abbildungen sind urheberrechtlich geschützt. Jede Verwertung, die nicht ausdrücklich vom Urheberrechtsschutz zugelassen ist, bedarf der vorherigen Zustimmung des Verlages. Das gilt insbesondere für Vervielfältigungen, Bearbeitungen, Übersetzungen, Mikroverfilmungen, Auswertungen durch Datenbanken und für die Einspeicherung und Verarbeitung in elektronische Systeme. Alle Rechte, auch die des auszugsweisen Nachdrucks, der fotomechanischen Wiedergabe (einschließlich Mikrokopie) sowie der Auswertung durch Datenbanken oder ähnliche Einrichtungen, vorbehalten.

Impressum:

Copyright © 2017 GRIN Verlag
Druck und Bindung: Books on Demand GmbH, Norderstedt Germany
ISBN: 9783668627703

Dieses Buch bei GRIN:

https://www.grin.com/document/388754

Olaf Nörenberg

Pädagogische Handlungskonzepte für Erzieher in der Arbeit mit Jugendlichen

GRIN Verlag

GRIN - Your knowledge has value

Der GRIN Verlag publiziert seit 1998 wissenschaftliche Arbeiten von Studenten, Hochschullehrern und anderen Akademikern als eBook und gedrucktes Buch. Die Verlagswebsite www.grin.com ist die ideale Plattform zur Veröffentlichung von Hausarbeiten, Abschlussarbeiten, wissenschaftlichen Aufsätzen, Dissertationen und Fachbüchern.

Besuchen Sie uns im Internet:

http://www.grin.com/

http://www.facebook.com/grincom

http://www.twitter.com/grin_com

Inhaltsverzeichnis

1. Einleitung 1
2. Soziale Einzelhilfe 2
   - 2.1. Gesetzliche Grundlagen 2
   - 2.2. Anwendungsprinzipien der sozialen Einzelhilfe 2
   - 2.3. Vorgehensweise der sozialen Einzelhilfe 3
   - 2.4. Ziele der sozialen Einzelfallhilfe 3
   - 2.5. Wissenschaftliche Grundlagen 4
3. Soziale Gruppenarbeit 4
   - 3.1. Gesetzliche Grundlagen 4
   - 3.2. Definitionen der Gruppenarbeit 5
   - 3.3. Anwendungsprinzipien der sozialen Gruppenarbeit 5
   - 3.4. Ziele der sozialen Gruppenarbeit 6
   - 3.5. Wissenschaftliche Grundlagen 7
4. Anwendungsbeispiel 7
   - 4.1 Lösungsstrategien und Fazit 7
5. Literaturverzeichnisse 10

1. Einleitung

Die Fragen die ich mir für diese Facharbeit gestellt habe, sind: Wie reagiere ich richtig auf die vielen verschiedenen Ereignisse die während der Schicht passieren? Welche Handlungskonzepte habe ich als Erzieher in einer stationären Einrichtung für delinquente Kinder und Jugendliche, wenn es zu verbalen oder vor allem zu körperlichen Auseinandersetzungen kommt?

Die Arbeit mit Jugendlichen erfordert ein hohes Maß an Empathie, Verantwortungsbewusstsein und fachliches Wissen. Jeder Tag bedeutet neue Herausforderungen und Lösungen. Dabei ist mir wichtig zu erkennen, dass es keine Ideallösung für Probleme gibt. Niemand kann vorher wissen, wie sich ein Konflikt entwickelt und in welchem Zustand sich die Beteiligten befinden. Ob ich mit meinen Problemlöseversuchen Erfolg habe, hängt somit von vielen Zufällen ab. Was bei einem Jugendlichen funktioniert, kann bei dem Nächsten schon völlig falsch sein. Jeder Mensch ist einzigartig und facettenreich. Deshalb ist es wichtig ein gewisses fachliches „Handwerkzeug" zu kennen und anwenden zu können, um den Jugendlichen zu helfen.

Die klassischen Methoden in der Jugendarbeit sind soziale Einzelhilfe und die soziale Gruppenarbeit, auf die ich in dieser Facharbeit näher eingehen möchte.

Weitere Methoden sind der systemische Ansatz, dabei wird der Mensch als Gruppe, als System, eingebunden in Beziehung gesehen. Jeder beeinflusst mit Aktionen und Reaktionen. Der ressourcenorientierte Ansatz setzt an bereits bestehenden Fähigkeiten und positiven Erfahrungen an. Die S.M.A.R.T. – Methode hilft dabei, Ziele richtig zu formulieren, dass diese auch erreicht werden können. Diese sollten **S**pezifisch, **M**essbar, **A**ttraktiv, **R**ealistisch, und **T**erminiert sein.

Dabei ist nicht zu vergessen, dass sich viele Methoden vermischen können. So ist zum Beispiel das Ressourcenorientierte Arbeiten, nie aus anderen Methoden weg zu denken. Denn jeder Mensch hat irgendeine Fähigkeit, die erkannt und auch dementsprechend gefördert werden muss. Ob die soziale Einzelhilfe, oder soziale Gruppenarbeit, sowie der systemische Ansatz und die S.M.A.R.T. – Methode fließen oft in einander. Bei der Einzelhilfe zähle ich meinen gegenüber nicht seine schlechten Seiten auf, sondern gebe ihm positive Feedbacks, sage ihm was er gut kann um sein Vertrauen zu gewinnen, sodass er sich löst und ich ihm somit auch unterstützen kann.

Genauso verhält sich das in der Gruppenarbeit. Niemand würde, wenn man ihn vor der Gruppe schlecht macht, auch nur Ansatzweise Vertrauen aufbauen, so dass ein Erfolg für denjenigen unerreichbarer werden kann.

Bei dieser Facharbeit möchte ich wie folgt vorgehen. Nach der Einleitung und meiner persönlichen Begründung, wie oben beschrieben, möchte ich die Möglichkeiten der sozialen Einzelhilfe vorstellen. Dabei ist es mir wichtig, die Definition, die Anwendungsprinzipien, die Vorgehensweise und die Ziele zu benennen. Dann in der gleichen Gliederung wie die soziale Einzelhilfe, folgt die soziale Gruppenarbeit. Auch dort kommen die Definition, die Anwendungsprinzipien und die Ziele zum Grundsatz. Mit beiden Methoden arbeiten wir in unserer Einrichtung am häufigsten. Um die Arbeit in unserer Einrichtung zu veranschaulichen, möchte ich abschließend anhand eines praktischen Beispiels, Lösungsstrategien vorstellen und wie beide Methoden ineinander greifen.

2. Soziale Einzelhilfe

2.1. Gesetzliche Grundlagen

Bei der Sozialen Einzelhilfe sind keine gesetzlichen Grundlagen hinterlegt.

2.2. Anwendungsprinzipien der sozialen Einzelhilfe

Akzeptieren ist ein wichtiger Grundsatz des Handelns. Der pädagogische Mitarbeiter soll den Jugendlichen so nehmen, wie er ist, mit all seinen Fehlern, Stärken und Schwächen, mit seinen positiven oder negativen Gefühlen. Wenn der pädagogische Mitarbeiter es schafft, dass der Jugendliche ihn akzeptiert, kann er ihm helfen, Abwehrmechanismen aufzubauen. Nur so ist eine effektive Hilfe möglich.

Der Grundsatz vom Individualisieren ist ein wichtiges Prinzip. Dabei geht es um die Bemühungen, die einzigartigen Eigenschaften der Jugendlichen zu erkennen und zu verstehen. Nach dem Erkennen und Verstehen kann dann eine individuelle Hilfe und Förderung gegeben werden. Der Jugendliche ist ein Individuum und nicht ein „Fall" der behandelt wird.

Hilfe zur Selbsthilfe ist ein wichtiger Punkt. Der pädagogische Mitarbeiter befähigt den Jugendlichen, seine Probleme selbst zu lösen. So hat der Jugendliche eine eigene Wahlmöglichkeit, das bedeutet, Selbstbestimmung über sein Handeln und Tun.

In der Einzelfallhilfe soll nicht die Schuld oder Unschuld des Jugendlichen geklärt werden. Eine abwertende oder richtende Haltung vom Pädagogen würde das Helfen behindern oder sogar verhindern. Schuldgefühle lassen das Selbstwertgefühl sinken und damit auch den Glauben an ein positives Ergebnis.

Ein wichtiger Aspekt ist Vertraulichkeit. Wenn der Jugendliche davon ausgehen kann, dass das Gespräch vertraulich behandelt wird, dann kann er offen und frei sprechen. Das fördert ein gutes Vertrauensverhältnis zwischen Pädagogen und Jugendlichen, was wichtig ist, um Probleme besprechen zu können.

Selbstkontrolle bei den Pädagogen ist wichtig. Jeder hat seine persönlichen Neigungen, Abneigungen und Haltungen. Da ist es wichtig für den Jugendlichen, dass der Pädagoge in der Lage ist, persönliche Probleme und Schwierigkeiten außen vorzulassen. Er muss in der Lage sein, Berufliches und Privates zu trennen. Das ist für den Erfolg der Hilfe mitentscheidend.

2.3. Vorgehensweise der sozialen Einzelhilfe

Eine positive emotionale Beziehung sollte hergestellt werden, ohne die eine Hilfe nicht möglich ist. Aber auch eine genaue Beschreibung des Problems bzw. der Belastungssituation und Formulierung der Erwartung des Jugendlichen.

Informationen und Fakten sammeln, die wichtig sind, um das Problem bzw. die Belastungssituation zu analysieren. Dabei helfen Gespräche, Fragebögen, Tests, Beobachtung und auch die Befragung des Umfeldes.

Die Daten auswerten und mithilfe einer Theorie Maßnahmen zur Lösung des Problems finden.

Nach dem das Problem erkannt und analysiert wurde, wird ein individueller Hilfeplan ausgearbeitet. Je nach Problem kann es sich dabei um eine Betreuung, Beratung oder Therapie handeln. Verlaufs- und Erfolgskontrolle, Dokumentation von „Fortschritten des Jugendlichen" oder auch die mögliche Korrektur des Hilfeplanes sind dabei wichtig.

2.4. Ziele der sozialen Einzelfallhilfe

Die Förderung der Selbsthilfekräfte sowie die Ressourcen des Jugendlichen erkennen, sollte eine entscheidende Hilfe geben. Dabei ist das erlernen Probleme zu erkennen und zu bewältigen sowie die Befähigung eine verantwortliche Lebensführung zu erreichen, alles sehr wertvolle Bausteine.

Ganz wichtig ist auch der Erwerb sozialer und kommunikativer Kompetenzen. Also die Fähigkeit im Umgang mit anderen Menschen. Dazu gehören alle Fähigkeiten, um das soziale Leben bewältigen zu können. Darunter fällt vor allem die Fähigkeit zur erfolgreichen Kooperation, Kommunikation und Konfliktlösung sowie sich aktiv mit der Gesellschaft auseinander zu setzen. Die Entwicklung der Persönlichkeit zur Selbstständigkeit und die Förderung von Veränderungsbereitschaft, ist ein weiteres Ziel der sozialen Einzelfallhilfe. Das Anpassen des Jugendlichen an seine Umwelt, um damit zurechtzukommen, ist ebenfalls nicht bei dieser Form der Hilfe weg zu denken. Dabei ist es wichtig, dass er sein Umfeld annimmt und für sich zum positiven entwickelt. Der Einsatz zielt stets auf eine Stärkung und Förderung des Kindes, Jugendlichen oder jungen Volljährigen in seiner individuellen Problemlage unter Erhaltung seines vertrauten Umweltbezugs hin, bei jungen Volljährigen wird der Weg in eine autonome Lebensgestaltung vorbereitet und begleitet.

Vor allem stellen die Förderung der Freizeitaktivitäten sowie der Aufbau oder der Erhalt sozialer Kontakte und bedarfsbezogen der Wiederaufbau von Kommunikationsbereitschaft mit der eigenen Familie wichtige Teilziele der Leistung dar. Wesentlicher Aspekt ist zu verhindern, dass Kinder, Jugendliche oder junge Volljährige sich isolieren und sowohl in der eigenen Familie als auch in der Schule oder im weiteren Umfeld zu Außenseitern werden.

2.5. Wissenschaftliche Grundlagen

Soziale Einzelhilfe, ist eine Methode der sozialen Arbeit und basiert auf der Grundlage wissenschaftlicher Erkenntnisse. Die Hilfe erfolgt durch eine effektive Gestaltung der Beziehung zwischen Helfer und Klient sowie durch die Mobilisierung von Unterstützungsmöglichkeiten durch bestimmte Personen (Familie, Freunde, Pädagogen) mit dem Ziel, dass der Klient seine Probleme selbst lösen und sich aus seiner Belastungssituation befreien kann.

Die Grundlagen der sozialen Einzelhilfe sind Psychologische Theorien des Verhaltens. Je nach Problem und der Ausbildung des Pädagogen kommen tiefenpsychologische Theorien, wie beispielsweise die Psychoanalyse oder die Individualpsychologie, Lerntheorien, kognitive Theorie, bei denen die kognitive Beurteilung des Erlebten im Mittelpunkt steht, sowie Theorien der humanistischen Psychologie, wie zum Beispiel die personenzentrierte Theorie zur Anwendung. In neuerer Zeit werden auch systemtheoretische Ansätze als Weiterentwicklung der Einzelhilfe berücksichtigt.

3. Soziale Gruppenarbeit

3.1. Gesetzliche Grundlagen

Die Soziale Gruppenarbeit ist ein niedrig schwelliges Angebot der Hilfen zur Erziehung nach §29 SGB VIII (Kinder und Jugendhilfegesetz) und soll Kinder und Jugendliche in Krisen ihrer Entwicklung helfen, Entwicklungsschwierigkeiten Verhaltensproblemen zu überwinden. In diesem Sinne sollen Kinder mit Entwicklungsproblemen das pädagogische Angebot einer formellen und strukturgebenden Jugendgruppe erhalten.

3.2. Definitionen der Gruppenarbeit

Die soziale Gruppenarbeit ist eine Methode der sozialen Arbeit, wodurch Gruppen von Menschen mit persönlichen und sozialen Problemen in geregelten Gruppenerlebnissen geholfen wird. Dabei hofft man, dass die gemachten Gruppenerfahrungen auch auf Situationen und Problemen außerhalb der Gruppe übertragen werden können. Wenn eine bestimmte Anzahl von Personen ähnliche beziehungsweise vergleichbare Aufgaben, Probleme und Situationen aufweißt, scheint eine Gruppenarbeit angebracht. Zum Beispiel bei auftretenden Problemen wie Aggressivität, Straffälligkeit, Schulverweigerung. Einsatzorte sind vor allem Jugendzentren, Beratungseinrichtungen (zum Beispiel für Suchtgefährdete), Bereiche des Gesundheitswesens und Strafvollzugs. An Bedeutung gewinnt die soziale Gruppenarbeit in stationären Einrichtungen bei Therapiegruppen oder auch bei der Heimerziehung. Durch das Gefühl der Gruppenzugehörigkeit können soziale Normen erlernt und soziale Bedürfnisse befriedigt werden. Dazu gehören zum Beispiel die Überwindung von Einsamkeit, Stabilisierung des Selbstwertgefühls sowie der Aufbau von Selbstvertrauen. Des Weiteren können durch die soziale Gruppenarbeit menschliche Fähigkeiten angeregt werden, um zum Beispiel Frustration besser ertragen zu können, Herausforderungen zu meistern, zu fördern und Entscheidungen selbstständig treffen zu können. Die Gruppe ist der Ort und das Instrument der Erziehung. Sie hilft durch Gruppenerlebnisse bei Lern- und Reifungsprozessen sowie beim Erlernen sozialer Normen. Das Gespräch mit den Gruppenmitgliedern können zu Beispiel, die Tatsache, sich einen Konflikt zu stellen und mit der Gruppe zu lösen, oder die Erfahrung, in der Gruppe anerkannt zu werden, sein. Wichtig für die soziale Gruppenarbeit ist auch ein geschulter Leiter, der Gruppenprozesse im Interesse der Mitglieder zu einem positiven Ziel hin beeinflusst.

3.3. Anwendungsprinzipien der sozialen Gruppenarbeit

Dort anfangen, wo die Gruppe steht. Das bedeutet, die Gruppe so annehmen, wie sie wirklich ist und sich die Gruppe entwickeln lassen. Arrangieren von Gruppenprozessen zu sinnvollen Erlebnissen, die Gruppenmitgliedern helfen, sich als Person zu sehen und mit ihren Problemen umgehen zu können. Dies zu begreifen um ihr soziales Verhalten entfalten zu können bringt der Lauf der Zeit.

Individualisieren soll verhindern, dass kein Einzelner aus der Gruppe untergeht. Jeder wird als Individuum gesehen und entsprechend seiner Begabung oder Fähigkeit wird ihm geholfen und er wird gefördert. Mit der Stärke eines jeden Einzelnen arbeiten, dass heißt die Fähigkeiten, Interessen und Fertigkeiten jedes

Einzelnen herausfinden. Die Fähigkeiten sollen sich bei bestimmten Situationen in der Gruppe entfalten.
Selbstbestimmung in der Gruppe, das heißt der Gruppenleiter bestimmt nicht allein. Entscheidungen werden gemeinsam getroffen. Konflikte werden zusammen so bewältigt, dass das Ergebnis für alle Mitglieder zufriedenstellend ist. Sich als Gruppenleiter entbehrlich machen. Er soll mehr als „Berater" oder „Befähigers" fungieren und sich so weit wie möglich zurückhalten. „So aktiv wie nötig, so passiv wie möglich". Vor allem betont die soziale Gruppenarbeit die individuelle und situative Motivation für das menschliche Lernen. Auf die vorhandenen Stärken und Fähigkeiten der Gruppenmitglieder sollte grundlegend geachtet werden.

„Soziale Gruppenarbeit als Unterstützung von Gruppen kann nur auf der Grundlage einer sorgfältigen Suche nach den in der Lebenswelt der Betroffenen vorfindbaren Motiven geschehen. Lernmotivation wird nicht geschaffen, stattdessen wird an eine vorhandene Motivation im Alltag und in der Erfahrungswelt der Betroffen angekündigt. Betroffene werden nicht motiviert, sie werden dort angesprochen, wo sie schon motiviert sind."(W. Hinte/F. Karas, 1989)

3.4. Ziele der sozialen Gruppenarbeit

Das Erlernen von mehr Selbstsicherheit, durch sammeln neuer Erfahrungen, sowie die Anerkennung durch die Gruppenmitglieder, stärken jeden einzelnen. Die Vermittlung von sozialen und persönlichen Kompetenzen sowie gemeinsame Erfahrungen machen ist ein wichtiges Ziel, um in alltäglichen Herausforderungen zu bestehen um sich gemeinsam mit erschwerenden Bedingungen auseinander zu setzen. Dies sollte nicht als lästige Begleiterscheinung, sondern als Chance gesehen werden. Die eigenen Fähigkeiten zu entwickeln und zu trainieren, wobei die Gruppe hilft die Möglichkeit in einem geschützten, fachlich begleiteten Rahmen soziale Verhaltensweisen zu erlernen, verstehen und so soziale Kompetenzen zu manifestieren. Die Gruppe hilft Aktionen im alltäglichen Leben auszuführen und zu bestehen. Als übergeordnetes Ziel steht die Entwicklung und Stärkung von sozialen Kompetenzen im Zentrum unserer Arbeit. Bei Kindern führt gemeinsam Erlebtes in Gruppen zu einer Identitätsbildung bei jedem Einzelnen. Dies vor allem, wenn es sich hierbei nicht um ein einmaliges Erlebnis handelt, sondern eine Kontinuität bezüglich der Zeiten und der beteiligten Personen gegeben ist. Ein weiterer entscheidender Faktor ist die Entwicklung eines gesunden Selbstwertgefühls. In Eltern- und Familiengesprächen soll vermittelt werden, dass Soziale Gruppenarbeit weder eine Konkurrenz noch eine Kontrolle der elterlichen rolle darstellt. Die Eltern sollen erfahren, dass die Einrichtung Hilfe leisten möchte und sie individuell unterstützt. Im Mittelpunkt steht dabei ein positiver und vertrauensvoller Kontakt mit den Gruppenleitern. Diese stellen für Eltern, Lehren und Erziehern weitgehend neutrale Kommunikationspartner dar, die bei Bedarf vermittelnd tätig werden können. Die Fachkräfte können den Eltern bei Erziehungsproblemen beraten und bei Bedarf weitgehende Hilfemöglichkeiten aufzeigen. Wichtig für die Zielsetzung ist der regelmäßige Austausch unter all denen, die mit den Kindern, Jugendlichen und jungen Volljährigen arbeiten. Demzufolge besteht die Soziale Gruppenarbeit grundlegend aus den Elementen, Gruppenleitung, Einzelbetreuung, Elternarbeit und Schulkontakte.

3.5. Wissenschaftliche Grundlagen

Verschiedene Ansätze gehen in der heutigen soziale Gruppenarbeit mit ein. Zu diesen Ansätzen gehören: pädagogische (zum Beispiel- bildungsorientierte Ansätze), soziologische (Ergebnisse der Kleingruppenforschung, Rollentheorie sowie Werte und Normen), psychologische (zum Beispiel- Gruppendynamik, Sozialpsychologie, Psychoanalyse und Lerntheorien), kommunikative Ansätze (wie zum Beispiel- Kommunikationstheorien und Gesprächsregeln) und Anwendung von verhaltenstherapeutischen Techniken, die auf Lerntheorien beruhen.

4. Anwendungsbeispiel

Max ist ein 16 jähriger, kräftiger leicht geistig behinderter Junge, der wiederholt andere Jugendliche der Gruppe verbal provoziert und körperlich angegriffen hat. Er lebt seit einigen Monaten in unserer Wohngruppe. Die Gruppe besteht aus 7 männlichen Jugendlichen im Alter zwischen 14 und 17 Jahren. Die Einrichtung befindet sich reizarm in ländlicher Gegend. An einem Samstagnachmittag ereignet sich ein Vorfall, bei dem es zu einer gefährlichen und gewalttätigen Auseinandersetzung kommt. Max deckte den Kaffeetisch, unter anderem mit seinem selbstgebackenen Kuchen. Roland 16 Jahre alt, kam hinzu und nahm sich einfach ein Stück Kuchen. Max war darüber so wütend, worauf er sofort Roland beleidigte. Daraufhin beleidigte Roland Max mit Schimpfwörtern. Im Verlauf des Streites gingen beide Jugendliche mit Fäusten aufeinander los. Bei dieser Auseinandersetzung ging einiges Kaffeegeschirr kaputt.

(Namen geändert)

4.1 Lösungsstrategien und Fazit

Mein Kollege und ich trennten beide Jugendliche und isolierten sie von einander. Dies konnte mit wenig Aufwand geschehen. Je mehr Reize auf die Jugendlichen einstürmen, umso größer ist die Wahrscheinlichkeit, dass die Erregung ansteigt und Aggressionen ausgelöst werden. Dabei sollte man wissen, dass sich aggressives Verhalten in vier Stufen entwickelt. In der untersten Stufe erfolgt die Wahrnehmung und man fällt bereits eine Grundentscheidung. Oft wird als erstes vor allem eine Feindseligkeit wahrgenommen. Auf der zweiten Stufe wird entschieden, wie reagiert wird, aggressiv oder nicht. Hat zum Beispiel ein Jugendlicher früher schon auf solche Situation mit Gewalt reagiert, wird er mit großer Wahrscheinlichkeit wieder so reagieren. Dann kommt es bei Stufe drei darauf an, ob der aggressive Impuls die Hemmschwelle überspringt. Hat er als Aggressor seine Hemmschwelle überwunden, so rechnet er sich auf Stufe vier aus, welche Folgen in der gegebenen Situation wahrscheinlich sein könnten.

Deshalb war es am sinnvollsten, die Situation so schnell wie möglich auf zu lösen, um nicht noch anderen Jugendliche eine „Bühne" zu geben. Denn schnell kann es passieren, dass sich andere mit einmischen. Danach war es wichtig, jeweils alleine mit dem Jugendlichen zu kommunizieren. Dies geschah an einem ruhigen gemütlichen Ort. Mein Kollege ging mit Roland in sein Zimmer und ich mit Max ins Büro. In den folgenden Einzelgesprächen konnten beide Jugendliche ihren Standpunkt und Tathergang beschreiben. Im Anschluss konnte die Aufarbeitung des Vorfalles beginnen. Es war hilfreich, zu versuchen, sich in die Motive, Sicht- und Handlungsweisen aller Beteiligten einzufühlen. Das hatte bereits einen therapeutisch-pädagogischen Effekt gehabt: Den Betroffenen wurde die Bereitschaft signalisiert, ihnen zu verstehen und ihre Interessen mit zu berücksichtigen. Auf diese Weise wurden Fronten entschärft, Eskalationen und gegenseitiges emotionales Aufschaukeln in der Auftretungswahrscheinlichkeit gesenkt.

Die Einzelgespräche ergaben, dass Max schon vorher einen Streit mit Roland hatte und deshalb so aggressiv reagierte, außerdem war es ja „sein" Kuchen. Roland hingegen konnte sein aggressives Verhalten nicht näher beschreiben.

Nun war es hilfreich gemeinsam mit beiden Jugendlichen über den Vorfall zu reden. Beide konnten ihre Standpunkte darlegen. Hierbei war es wichtig, den anderen Ausreden zu lassen und nicht laut zu werden. Gegebenenfalls mussten wir als Betreuer eingreifen um das Gespräch ruhig weiter zu führen.

Grundsätzlich müssen die Jugendlichen in die Pflicht genommen werden. Bei allem Verständnis für ihre Probleme und Konflikte darf nicht der Eindruck entstehen, dass sie für ihr Verhalten und dessen eventuellen Folgen keine Verantwortung zu tragen hat. Die Bereitschaft zur Mitarbeit bei dem Versuch, weitere Konflikte zu vermeiden, und die Pflicht zur Wiedergutmachung des angerichteten Schadens sind in jedem Fall zu fordern. Sie wissen auch, dass es in unserer Einrichtung für jeden Tag

Punkte verteilt werden. Unter anderen auch für soziale Kompetenzen. Daraus ergibt sich, wenn bis zum Wochenende nicht mindestens die geforderten 80% erreicht sind, dass für denjenigen keine Teilnahme an einer Gruppenaktivität am Wochenende erfolgt. Auf Grund unserer ländlichen Lage hat dieses Punktesystem sehr großen Erfolg. Denn mal raus aus der Einrichtung und zum Beispiel mal ins Kino oder ins Schwimmbad ist den Jugendlichen eigentlich sehr wichtig. Denn auch noch am Wochenende in der Einrichtung „abhängen", ist für die Jugendlichen das schlimmste.

Eine Auswertung mit der gesamten Gruppe wurde notwendig. Dies folgte in der am Nachmittag folgenden Kaffeerunde. In dieser Gruppenrunde war ich als Betreuer Moderator und lenkte den Verlauf des Gespräches. Alle Gruppenmitglieder konnten Fragen stellen, ohne den einzelnen Jugendlichen „anzugreifen". Max und Roland wurden durch diese Methode nochmals angeregt über ihr Fehlverhalten nachzudenken und daraus zu lernen (siehe auch Ziele der sozialen Gruppenarbeit).

Fazit ist, dass im Rahmen von Erziehung und der Aufbau neuer Verhaltensweisen bei Kindern und Jugendlichen mit Hilfe der verschiedenen Methoden, die man einzeln oder auch kombiniert einsetzen kann, Erfolge erzielen kann. Denn will man den zu Erziehenden Verhalten neu beibringen oder verändern, muss die Gelegenheit zum Beobachten, um die eventuell Richtige Methode anzuwenden, gegeben sein.

Sehr wichtig ist auch das Verhalten des Erziehers. Als Erzieher muss ich ständig mein Methodenverhalten kritisch reflektieren. Es wirkt sich ungünstig aus, wenn ich andere Verhaltensweisen verlange, aber selbst vermissen lasse. Denn auch die Kinder und Jugendlichen beobachten und reagieren dementsprechend.

Das ständige Bewusstsein, für die Kinder und Jugendlichen eine äußerst wirksame Methode zu wählen, erleichtert es für ihnen, den Forderungen nach korrektem Verhalten in der Gesellschaft zu erfüllen. Dabei ist es sehr entscheidend, dass dem Erzieher seiner Vorbildwirkung bewusst ist.

5. Literaturverzeichnisse

Bücher

Hobmair Pädagogik, 4. Auflage, Toisdorf, Bildungsverlag EINS

Achtes Buch Sozialgesetzbuch § 29, August 2014, 5. Auflage

Rohde/ Kögel 2006, 3. Auflage, „Wenn Nervensägen an unseren Nerven sägen", So lösen Sie Konflikte mit Kinder und Jugendlichen sicher und Selbstbewusst,

Laszus, (2008): Sozialpädagogische Lernfelder für Erzieherinnen, Stuttgart: Holland + Josenhans Verlag

Deutsches Jugendinstitut, 2007, Strategien der Gewaltprävention im Kindes und Jugendalters,

Arbeitsstelle Kinder und Jugendkriminalitätsprävention

Internet

http//www.psychpaed.de/arbeitsmat.html 08.05.2010

www.google.de Scheer, Albert 2002, PDF, Mit härte gegen Gewalt? Kritische Anmerkung um Antiaggresivitäts- und Coolnestraining, Freiburg O. Nörenberg

BEI GRIN MACHT SICH IHR WISSEN BEZAHLT

- Wir veröffentlichen Ihre Hausarbeit, Bachelor- und Masterarbeit

- Ihr eigenes eBook und Buch - weltweit in allen wichtigen Shops

- Verdienen Sie an jedem Verkauf

Jetzt bei www.GRIN.com hochladen und kostenlos publizieren